CATALOGUE

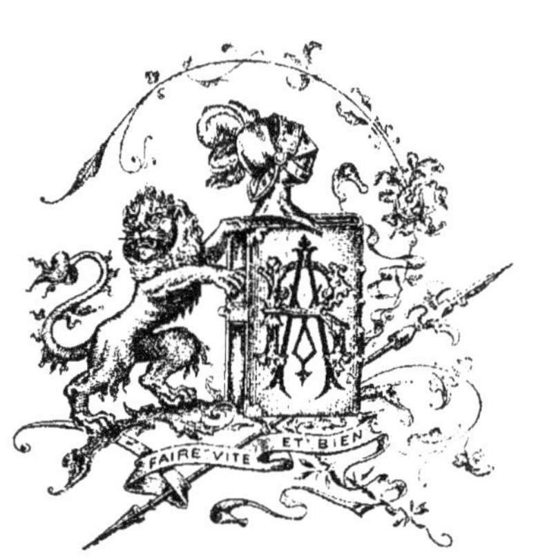
FAIRE·VITE·ET·BIEN

VENTE DU 29 AVRIL 1892

Collection de Tissandier

OBJETS D'ART

ANCIENS

ET

Tableaux de Maîtres

Mᵉ **R. GRIMAUX**, commissaire-priseur à Clermont-Ferrand.
M. **GANDOUIN**, expert à Paris, rue des Saints-Pères, 31.

OBJETS D'ART ANCIENS

ET

Tableaux de Maîtres

LE CATALOGUE SE DISTRIBUE :

CLERMONT - FERRAND

Chez M. GRIMAUX, commissaire-priseur

PARIS

Chez M. GANDOUIN, expert, 31, rue des Sts-Pères ;

M. OUDART, directeur de la *Gazette de l'Hôtel
Drouot*, 8, rue de Provence.

LONDRES

Chez MM. CHRISTIÉ and C^o, 8, King Street, Saint-
James S. W.

VENTE AUX ENCHÈRES PUBLIQUES

DE

OBJETS D'ART

ET

TABLEAUX DE MAITRES

par et attribués à BERGHEM, D.-V. BERGEN, LAJOUE, SENAVE,
J.-V. STRY, P. WOUVERMANS, D. TENIERS, etc.

Beau Lit sculpté, garni de points de Hongrie ;
Cabinet Louis XIII :
Glaces et Commodes Louis XIV et Louis XV :
Lustre et Salon Empire ;
Très belle Console époque Louis XIV, sculptée
    et dorée, etc.

La vente aura lieu à la requête de M. Léode Tissandier.
en son hôtel, rue Beauregard, n° 11, à Clermont-Ferrand,

Le VENDREDI 29 AVRIL 1892

à 2 heures et demie

par le ministère de Me Grimaux, commissaire-priseur à
Clermont-Ferrand, assisté de M. Gandouin, expert à Paris,
31, rue des Saints-Pères.

Au comptant et 6 % en sus des adjudications.

Le Commissaire-priseur,

R. GRIMAUX.

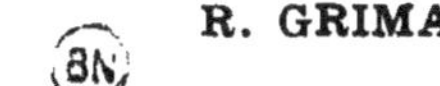

Exposition publique Jeudi 28 courant, de 2 à 6 heures

Conditions de la Vente

Elle sera faite au comptant et 6 % en sus des adjudications.

L'expert chargé de la vente se réserve la faculté de réunir ou de diviser les lots.

En cas de contestation sur une enchère, l'objet sera immédiatement remis en vente.

L'expert chargé de la vente fournira tous renseignements sur les objets.

Il remplira les commissions des personnes qui ne pourront assister aux vacations.

L'ordre du catalogue sera suivi autant que possible.

Les adjudicataires prendront livraison dans les vingt-quatre heures de la vente, les expositions les ayant mis à même de se rendre compte de l'état et de la nature des objets. Il ne sera admis aucune réclamation, l'adjudication prononcée.

DÉSIGNATION

I

MEUBLES

1. **Mobilier de Salon**, époque du premier Empire, comprenant canapé, deux bergères, six fauteuils et huit chaises. Le tout en acajou recouvert en velours d'Utrecht.

2. **Lustre** en bronze ciselé et doré, douze lumières (époque du premier Empire), orné de cristaux.

3. **Deux fauteuils** de l'époque Louis XIII, recouverts en tapisserie au point du même temps.

4-5. **Glaces** de l'époque Louis XIV. Cadre bois sculpté, surmonté d'un fronton.

6. **Commode** de l'époque Louis XV en bois de rose, ornée de poignées et entrées en bronze ciselé.

7. **Commode** de l'époque Louis XIV en bois de violette, ornée de beaux bronzes ciselés et dorés.

8. **Lit** à colonnes torses et fronton sculpté, armorié avec garniture en point de Hongrie. — Deux fauteuils recouverts de même.

9. **Cabinet** de l'époque Louis XIII sur son piétement en ébène, à l'intérieur tiroirs et portes ornés d'incrustations d'ivoire gravé.

10. **Très belle console** en bois
sculpté et doré, époque Louis XIV,
l'entre-toise est ornée de quatre
Dauphins.
Très beau meuble et en très bel état.

II

TABLEAUX

11. **Ecole Italienne.** — *Fête de
village.* — Composition importante
ornée de nombreuses figures (Toile).

12. **Lajoue** (composition de). — *Le
Concert.* — Groupe de singes musi-
ciens rappelant les décorations de
Chantilly (Toile).

13. **Berghem** (école de). — Animaux passant au gué.

Toile haut. 0 35, larg. 0 36

14. **Bergen**, Dirck Van. — *Animaux dans un parc*. Une femme près d'une chèvre est occupée à la traire, près d'elle, groupe de moutons.

Toile, haut. 0 62, larg. 0 48

15. **Wouvermans Pierre**. — *La Halte*. — Sur une route, deux cavaliers arrêtés, l'un d'eux a mis pied à terre. Au loin une vallée. Effet de soleil couchant.

Bois, haut. 0 32, larg. 0 42

16. **Stry (Jan Van)**. — *Animaux au pâturage*. — Soleil couchant. — Importante composition.

Bois, haut. 0 58, larg. 0 81

17. **Senave** (J.-V.) — *La marchande de gibier*, très importante composition de quatre figures de la plus belle qualité du maître.

> Bois, haut. 0,58, larg. 0,72
> Signé et daté, J.-V. Senage 1801.

18. **Téniers** (DAVID dit LE JEUNE). — *Kermesse flamande*. Au centre d'un village, des baraques entourées de personnages et sur la route groupes divers. Un seigneur et sa dame occupent le milieu de la composition comprenant 42 figures importantes. — Signé : D. TÉNIERS.

> Bois, haut. 0,52, larg. 0,88.

CLERMONT-FERRAND. — IMPRIMERIE A. RICHET